bonponのプチプラ着こなし便利帖

bonpon

宝島社

ベージュを黒で引き締めた大人シックなスタイル。さあ、次はどこへ行こう？

今日は、身も心も華やぐ赤をリンクさせて、古き良き時代の洋館巡りをしよう。

海と同じさわやかな青をまとってお散歩すると、清々しさが増すような気がするね。

はじめに

こんにちは。ｂｏｎｐｏｎです。この本を手に取っていただき、ありがとうございます。まずは、私たち夫婦の自己紹介をさせていただきますね。

宮城県仙台市在住で、年齢は60代前半。この名前は、２０１６年12月から投稿しているインスタグラムのアカウント名（@bonpon511）のために考えたもので、二人が幼少期に呼ばれていたあだ名、〝ボンちゃん〟〝ポンスケ〟からとってｂｏｎｐｏｎ（ボンポン）となりました。ちなみに、数字は結婚記念日の5月11日から。娘から勧められるがまま、出先や自宅で撮影した夫婦のリンクコーデを投稿しているうちに、い

prologue

つの間にかたくさんの方々にフォローしていただけるようになり……誰よりなにより、自分たちが一番驚いております。

編集部の方から「ファッションに関する書籍を出版しませんか？」とお声がけいただいたときは、〝スタイリストでもない、ただの白髪のおじいさんとおばあさんなのに、大丈夫かなぁ〟と不安でしたが、インスタのコメント欄で褒めてくださる方たちの声に背中を押してもらい、決意は固まりました。

私たちのおしゃれにまつわるキーワードは〝プチプラ〟と〝夫婦リンク〟。年金生活なので、手頃な値段のデイリーブランドや楽天、ヤフオクで手に入れたものがほとんど！５千円を超えるアイテムはそこであきらめず、セールになるのを待ったりもします（笑）。そんなふうにして購入した服を、「今日はボーダーで合わせようか」「赤リンクにする？」と話しながら決めて出かけると、なんだか、ちょっと楽しさが増すんです。そんな、私たちの〝楽しい！〟という気持ちが伝わるような一冊になるといいなと思っています。

プロフィール
profile

bon

ボン

夫　秋田県出身　63歳

生まれ干支　ひつじ

星座　ふたご

血液型　B

身長　172cm

足のサイズ　25.5cm

好きなアーティスト
GLAY、サンタナ

好きな食べ物　おせんべい

ponの好きなところ
積極的、決断が早い

幸せを感じるとき
ponと一緒にいるとき

好きなブランド
ユニクロ

おしゃれポリシー
ヨレヨレせず、きちんと見せる

カーディガン／
bonpon × Clothing
ISETAN MITSUKOSHI
シャツ、デニムパンツ／すべてユニクロ
ソックス／楽天
靴／ノーブランド

pon

ポン

妻　千葉県出身　61歳

生まれ干支　さる

星座　さそり

血液型　B

身長　160cm

足のサイズ　24cm

好きなアーティスト　GLAY

好きな食べ物　おもち、おだんご

座右の銘　LOVE&PEACE

bonの好きなところ
穏やか、やさしい

好きなブランド
サニークラウズ、ユニクロ

憧れブランド
コム デ ギャルソン

おしゃれポリシー
清潔感を大切に

カーディガン／
bonpon × Clothing
ISETAN MITSUKOSHI
シャツ、ソックス、靴／すべて楽天
スカート／GU

目次

DEAN & DELUCA

Chapter 1

bonpon流 おしゃれ ルール

プチプラショッピング、
夫婦リンク、
グレーヘアとの付き合い方など
すべては〝楽しい！〟に
つながっています。
まずは、そんな私たちの
おしゃれルールをご紹介。
まったく同じでなくても
違う柄や色を思い浮かべて
参考にしていただけると
うれしいです。

プチプラアイテムの選び方

プチプラの選び方

1

厚手の生地を選ぶ

年金生活の私たちのお買い物基準は1アイテムにつき5千円前後ですが、長く着られるものなら少し奮発することもあります。とはいえ、いつもチェックするブランドは手頃なプチプラ系がほとんど。そんな中、意識するようになったのが〝安くてもいいもの〟の見つけ方でした。

スカート、パンツ／すべてユニクロ　ワンピース／サニークラウズ

洗濯をしてすぐヨレてしまいそうな薄い生地や透けるものは避けて、ハリのある厚い素材を選ぶようにしています。それに加え、丁寧な縫製であればバッチリ。この生地でこんなに安くて大丈夫!?と余計な心配をしてしまうほど、いいものはたくさんあるんです。

ドット柄Tシャツ／ユニクロ×マリメッコ　白ニット、カーディガン／すべてユニクロ × JW アンダーソン
シャツ／ユニクロ×ルメール

プチプラの選び方 2

洒落感が高まるコラボに注目

ここ数年、ユニクロで注目しているのがコラボアイテム。憧れブランドとのコラボは、どれも遊び心が効いていて、ワードローブに新風を吹き込んでくれます。いつもなら到底手が出せないブランドものが気軽に楽しめる、というのが醍醐味。特に、大好きなマリメッコとのコラボには、かなりときめきました！

プチプラの選び方 3
アプリで情報をゲット

1990年代からインターネットに慣れ親しんでいたponは、パソコンとスマホの操作もお手の物。好きなブランドのアプリから届く新作やクーポン割引、値引き情報などをこまめにチェックして、プチプラブランドをよりお得に楽しめるアンテナを張るようにしています。

プチプラの選び方 4
試着とサイズの把握が大切

できるだけ〝ラク〟に走りすぎないように心がけています。ジャストサイズを着ることで、きちんと感も出ますしね。必ず試着をして、肉感を拾っていないか、ブカブカしていないかなどを多方面からチェック。身幅や着丈、股下の数値を把握することも重要視しています。

ブラウス／楽天
スカート／ユニクロ

プチプラの選び方

5 ベーシックな形と発色のいい色をセレクト

プチプラブランドで選ぶのは、流行に左右されないザ・ベーシックなもの。潔いシンプルな服は、誰にでも合いやすく、コーディネートによっては個性が発揮できると思うからです。逆に、デザイン性が高い服やインパクトのある柄アイテムは、ハイブランドのものをヤフオクで安く手に入れるようにしています。

　また、私たちらしさのひとつでもある原色の服も、

カーディガン／PART 2 BY JUNKO SHIMADA
スカート／楽天
シャツ、カットソー／すべてユニクロ

くすみがない鮮やかな赤や青を見つけたら即買い！白も、生成りがかっていない、パキッとした真っ白が好みです。私たちにとってプチプラブランドで安心感があるのは、そういった発色のいい色なのかもしれません。グレーやベージュのようなニュアンスカラーは、肌色がどんよりしないトーンを、お互いの目で確かめ合うようにしています。

bon

pon

二人共通のおしゃれルール

border

顔まわりがすっきり見えるパネルボーダーも好き。bon は、ポイントになるトリコロールを着ることも。

カットソー／
すべてユニクロ

pon
カットソー／ユニクロ
カーディガン／ノーブランド
スカート、ソックス、靴／
すべて楽天
bon
カットソー、パンツ／
すべてユニクロ
ジャケット／ノーブランド
ソックス／楽天
靴／ノーブランド

rule
1

流行に左右されずに着られる柄は、ボーダーとギンガムチェック

さわやかなイメージからか、春夏に着る機会が増えるのがボーダー。きれいめに見えて主張しすぎない、細めのピッチを選んでいます。ベーシックな着こなしのほか、マリン、パリシックなど、幅広いテイストを楽しめるのが魅力です。

gingham check

pon
スカート／楽天
カーディガン／
bonpon × Clothing
ISETAN MITSUKOSHI
シャツ、ソックス、靴／
すべて楽天
bon
シャツ、ジャケット、パンツ／
すべてユニクロ
ベルト／ノーブランド
ソックス／楽天
靴／ ikka

私たちのアイコン的な柄といえばギンガムチェック。若い頃からずっと好きで、bonは水色のギンガムチェック柄のシャツを通勤着にもしていました。細かいものからインパクトのある大柄まで、たくさん持っています！

ブルーは清涼感、モノトーンは大人っぽさが漂います。ギンガムチェックは、この2色がほとんどです。

シャツ（上の２着）／
すべてユニクロ
シャツ（下）、スカート／
すべて楽天

rule 2 たまに、ちょっといいアイテムをMIX

今年の春、憧れの三越伊勢丹さんとのコラボが実現しました。普段は5千円前後の服を愛用している私たちからしてみれば高価ですが、ちょっといいアイテムをミックスすることで、新しい大人カジュアルの扉を開くことができたのでは、と感じています。

カーディガン、シャツ／
すべて bonpon × Clothing ISETAN MITSUKOSHI

rule 3 夏でも半袖はほとんど着ません

ponは日光アレルギーというのもありますが、目立ってきたホクロなどを長袖で隠し、なるべくきれいに見えるように心がけています。首まわりのシワも気になるので、シャツのボタンもきっちり留めることが多いです。

rule 4

化繊、透ける素材、苦手な色は着ません

体のラインを拾いがちなとろみのある化学繊維やシースルー素材は、きれいに着こなせる自信がないので持っていません。また、肌がくすんでしまうピンクや茶色の服もゼロ。好き嫌いがハッキリしているので、ちょっとでも苦手意識があるものは、遠避けてしまいます。

×

×

×

pon
ブラウス／サマンサ モスモス
スカート／楽天
bon
シャツ／楽天
デニムパンツ／ユニクロ

rule 5

グレーヘアになって似合うようになったのが、少しモードな装い。ハイブランドの服は、ヤフオクで安く手に入れています

シャツジャケット／Y's　パンツ／コム デ ギャルソン（すべてユーズド）

ジャケット／ノーブランド（ユーズド）

グレーヘアになったとたんに直面したのは、それまで着ていた服が似合わなくなってしまったこと。ある日、娘のモードな服を借りて赤い口紅を塗ってみたら、びっくりするくらいしっくりきて。それ以来、ヤフオクで探し始めたのが、5千円くらいで買えるハイブランドのユーズド服。若い頃は興味がなかった、デザイン性の高いモノトーンスタイルブームはbonにも飛び火。加齢による悩みは、いつの間にかおしゃれの幅を広げるきっかけになっていました。

pon
コート／ Y's（ユーズド）
ニット、タイツ／すべてユニクロ
シャツ、スカート、靴／すべて楽天
bon
コート／ Yohji Yamamoto（ユーズド）
カーディガン／ bonpon × Clothing ISETAN MITSUKOSHI
シャツ／ユニクロ×ルメール
パンツ／ GU
靴／ ikka

bon

pon

夫婦リンクのコツ

red

赤

赤は身も心も華やぐ色。ボルドーなどではなく、鮮やかなものを選びます。最近、bonのカーディガンが仲間入りしたので、赤リンク率も高くなってきました。

pon
ジャンパースカート、ソックス、靴／すべて楽天
ブラウス／bonpon × Clothing ISETAN MITSUKOSHI
ブローチ／bonpon × フィル ダレニエ
bon
カーディガン／bonpon × Clothing ISETAN MITSUKOSHI
カットソー、パンツ／すべてユニクロ
ブローチ／bonpon ×フィル ダレニエ
ソックス／楽天
靴／ノーブランド

コツ 1 色でリンク

私たちの装いの特徴といえば色使い。なかでも、グレーヘアになってから似合うようになったビビッドカラーを使った装いが好みです。ポップな赤や青、シックな黒は、どれも白い髪とメリハリがついて、顔立ちや体形をパキッと引き締めてくれます。夫婦リンクをやってみたいけど、ちょっと恥ずかしいという方は、靴下など目立たない箇所から始めてみるといいかもしれません。

blue
青

さわやかな印象が高まるのがブルー。白もリンクさせれば、より清涼感と軽やかさが増します。春夏に楽しむことが多いです。

pon
ワンピース／
bonpon × Clothing ISETAN MITSUKOSHI
ソックス、靴／すべて楽天
bon
ジャケット、シャツ、パンツ／
すべてユニクロ
カーディガン／
bonpon × Clothing ISETAN MITSUKOSHI
ソックス／楽天
靴／ノーブランド

black
黒

シックな黒は、トライしやすい色。ベーシックカラーのベージュとコーディネートすると、ノーブルなカジュアルが満喫できます。

pon
シャツ、ソックス、靴／
すべて楽天
スカート／ユニクロ
bon
パンツ／ユニクロ
ジャケット／ GU
シャツ／グローバルワーク
ソックス／楽天
靴／ ikka

duffle coat

ダッフルコート

冬のお出かけの主役となるダッフルコートはヤフオクで。重厚感のあるいい素材なので、大人ならではのトラッド感が堪能できます。

pon
コート／ニューヨーカー（ユーズド）
ニット／ユニクロ
ブラウス／サマンサ モスモス
パンツ、靴／すべて楽天
bon
コート／ J. プレス（ユーズド）
ニット／ユニクロ×JW アンダーソン
シャツ、パンツ／すべてユニクロ
靴／ ZARA

コツ 2 アイテムでリンク

ペアルックはあまり好みませんが、それぞれ違うブランドで購入したアイテムでリンクすることはしばしばあります。たとえば、クルーネックとＶ開きという違いはあれど、３シーズン楽しめるカーディガンや、冬ならではのダッフルコートが代表例。リュックサックなどの小物は、脇役的要素なので、おそろいの色違いでも抵抗なく持つことができます。

rucksack

リュックサック

服でペアルックはしないですが、小物ならアリ。ユニセックスなリュックサックは、コーディネートのハズし役としても活躍！

pon
リュックサック／
サマンサ モスモス ブルー
ワンピース／サニークラウズ
ソックス、靴／すべて楽天
bon
リュックサック／
サマンサ モスモス ブルー
シャツ、パンツ、ベルト／
すべてユニクロ
ソックス／楽天
靴／ノーブランド

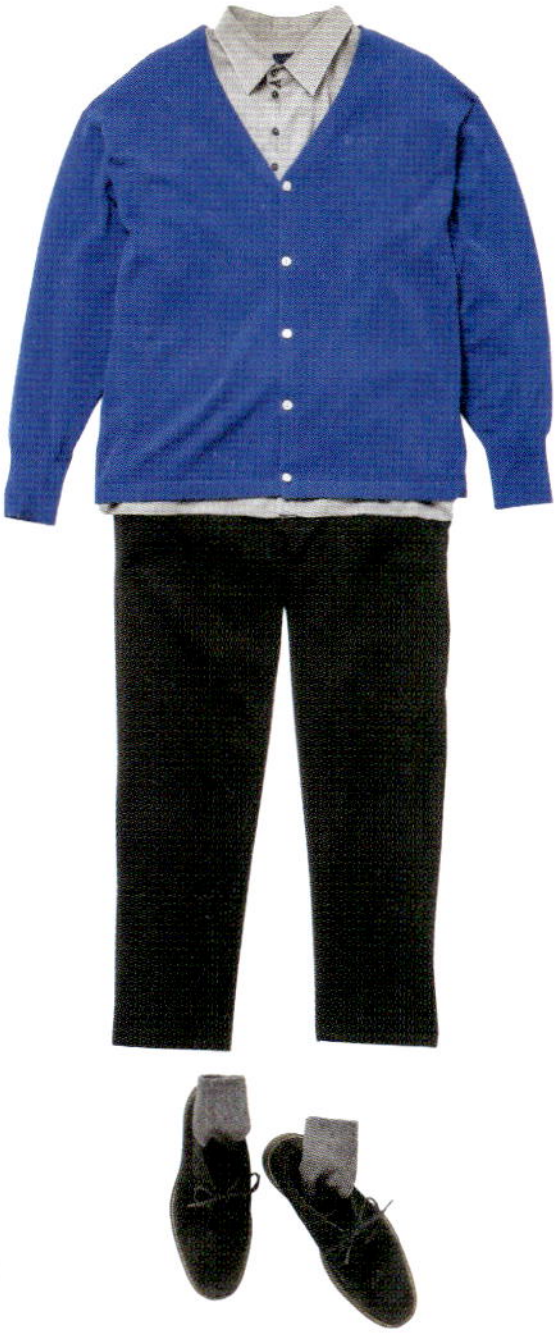

cardigan

カーディガン

カーディガンは二人とも好きなアイテムのひとつ。bonはV開き、ponはクルーネックがお約束。きれいめな装いに欠かせません。

pon
カーディガン／
bonpon × Clothing
ISETAN MITSUKOSHI
ガウチョパンツ、ブラウス、
ソックス、靴／すべて楽天
bon
カーディガン／
bonpon × Clothing
ISETAN MITSUKOSHI
シャツ／ ZARA
パンツ／ユニクロ
ソックス／楽天
靴／ ZARA

tar tan check

タータンチェック

トラッドの定番、紺×グリーンのオーセンティックなタータンチェックでつなげて。グレーとの合わせでシックにまとめました。

pon
スカート／ユーズド
ニット、タイツ／すべてユニクロ
ブラウス、靴／すべて楽天
bon
シャツ、ジャケット／すべてユニクロ
パンツ／ GU
ベルト／ノーブランド
ソックス／楽天
靴／ ikka

コツ
3

柄でリンク

柄でリンクコーデをするときは、スタンダードなものが一番。春夏はボーダーとストライプ、秋冬はタータンチェックと、季節によってスイッチすると飽きもきません。フェミニンなイメージが強い花柄やドット柄に、bonは「似合うかな?」と自信なさげでしたが、この本を作る過程で挑戦してみようと思っています（Chapter3でトライしてみました!）。

border

ボーダー

年齢や性別を選ばないボーダーは、リンクしやすい柄のひとつ。スカイブルーなら、春夏ならではの清々しさが漂います。

pon
カットソー、スカート／
すべてユニクロ
シャツワンピース／
ユニクロユー
ソックス、靴／すべて楽天
bon
カットソー、パンツ／
すべてユニクロ
ソックス／楽天
靴／ノーブランド

stripe

ストライプ

ピッチの太さが違っても、トップスとボトムで互い違いに取り入れるだけでリンク感は大。ほっそり見えるというのも高ポイント（笑）。

pon
スカート／ノーブランド
ブラウス／ bonpon × Clothing
ISETAN MITSUKOSHI
ソックス、靴／すべて楽天
bon
シャツ／グローバルワーク
パンツ／ユニクロ
ソックス／楽天
靴／ ZARA

Chapter 2

服の選び方と着こなし方

体形や肌質、髪の色の
変化にともない
選ぶ服や着こなしも
更新してきました。
なにを着ても似合わない、
なんて迷走していた時期も
ありましたが
次第に、若作りとは違う
今の自分たちに合う
シルエットや着丈、
首まわりの開き具合などが
見えてきました。

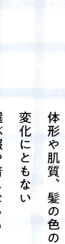

bon

アイテム選びで大切にしていること

春と秋のお出かけ時に欠かせないのがテーラードジャケット。きちんと見せるために、セットインスリーブとジャストサイズであることが絶対条件。ビビッドな色のシャツともけんかしない、ベーシックな色がほとんどです。

ジャケット

ジャケット、パンツ／すべてユニクロ
シャツ／ GU
ベルト／ノーブランド

モードな
気分の日は
バイカラーに

2トーンカラーは、ぐっと洒落感が増すアイテム。ジャケットの裾とパンツの色をそろえると、脚長効果を発揮してくれるのもうれしいところ。

ジャケット
右／ZOZOTOWN
左／アンダーカバー（ユーズド）

90%が
ユニクロのものです

どれも4千円台！ ベーシックでシワになりにくいユニクロのジャケットは、かなり頼りにしています。素材、色ともバリエが豊富なのも魅力。

ジャケット／すべてユニクロ

jacket

シャツ

ジャケット同様、余計なもたつきがあるときれいに見えないので、ジャストサイズにこだわっています。若い頃からアイビールックが好きなので、ボタンダウン率が高め。前ボタンは、きっちり上まで留めて着ます。

パンツ、シャツ／すべてユニクロ

ボタンダウンが好み
つかず離れずのサイズ感
ノーアイロンで着られる素材

shirt

ダンガリーシャツでラフな雰囲気に

カジュアル気分な日は、デニムよりきれいめに決まるダンガリーシャツに。特に、春夏はさわやかな空気感を醸し出してくれます。

シャツ　右／楽天
中央、左／すべてユニクロ

清潔感が演出できる白シャツが重宝

くすみのない真っ白なシャツで顔まわりをパッと明るく！夏は通気性のいいリネンで、程よいリラックス感と軽やかさを楽しむ日も。

シャツ　右／ユニクロ×ルメール
左／ユニクロ

パンツ

選ぶときのイメージは、スラックスの延長。ダボダボしないスリムフィットか、流行や年齢を気にせずはけるストレートが多いです。年を重ねてからは、膝の曲げ伸ばしがラクなストレッチ入りというのもお約束に。デニムは、ダメージや色落ちがないものがタイプです。

パンツ／ユニクロ
シャツ／楽天
靴／ノーブランド

チノパンも細身を選んできれいめに

ワークテイストの印象が強いチノパンもルーズにははきません。カーディガンなどを合わせて、アイビールックを意識したきれいめな着こなしに。

パンツ／すべてユニクロ

pants

ソックスのちら見せに最適なアンクル丈パンツ

あまりトレンドは意識しませんが、足首が出るアンクルパンツは、靴下のちら見せがしやすく軽快にはけるので取り入れるようになりました。

パンツ　右／GU　左／ユニクロ

pon

アイテム選びで大切にしていること

年を重ね、グレーヘアになってから丸襟ブラウスが甘すぎない感じで着られるようになりました。お腹まわりが気になり、ボトムにインすることがないので、裾を出したときに胴長に見えない丈がベスト。体のラインを拾わないシルエット選びも重要視しています。

ブラウス

女性らしい丸襟

オールシーズン使いやすい七分袖

長すぎない着丈

ブラウス／
bonpon × Clothing
ISETAN MITSUKOSHI
スカート／楽天

甘さを加えたい日は
レースを投入

白いブラウスは20年以上着ているお気に入り。より女性らしい着こなしにアップデートしたいときは、迷わずレースに頼ります！

ブラウス　右／ノーブランド
左／ユニクロ×イネス・ド・ラ・フレサンジュ

ギャルソンライクな
スクールブラウス

コム デ ギャルソンの丸襟ブラウスに憧れて探し当てたのがスクールブラウス。クルーネックカーディガンを重ねてプレッピーな着こなしに。

ブラウス／すべて楽天

shirt

ラウンドヘムで
少し個性的に

襟も裾もラウンドカットされているフェミニンなブラウスにひと目ぼれして色違いで購入。裾を出して着る派なので、おしゃれ感もアップ！

ブラウス／すべて楽天

アイテム選びで大切にしていること

カーディガン

ワードローブとして欠かせないのがカーディガン。首元はあまり露出したくないので、苦しく見えない程度に詰まった開きのものに。窮屈に見えないよう、裾リブがないストンと落ちるタイプを選んでいます。着丈は、上半身がコンパクトに見える腰骨丈がベター。

カーディガン／
bonpon × Clothing
ISETAN MITSUKOSHI
ワンピース／サマンサ モスモス

cardigan

カーディガン／すべて
bonpon × Clothing
ISETAN MITSUKOSHI

赤と色違いの
青と黒も活躍中

私にとってのスタメンカラーであるブルーと黒もまんべんなくはおっています。前ボタンを留めて、プルオーバーのように着るときも。

パンツ

pants

春夏は涼しく過ごせるスカートが多い私ですが、秋冬になるとパンツもはきます。スカート同様、ゆったりシルエットが好み。軽やかに見えるよう、股下50センチの半端丈を選んで抜け感をつくるようにしています。腰まわりは、ゆとりがありつつすっきり見えるタック入りに。

広がりすぎない
タック入り

股下50センチが
ベスト

脚がすっぽり
かくれる
ゆったりめ

パンツ、靴／すべて楽天
カーディガン／ユニクロ×JW アンダーソン
ブラウス／ bonpon × Clothing
ISETAN MITSUKOSHI
タイツ／ユニクロ

パンツ　右／ GU　左／ユニクロ

ラクちんな
後ろゴムパンツを愛用

私はトップスをインする着こなしはしないのですが、後ろだけゴムのものだと、ラクなうえインしたときにきれいに見えそうでいいですね。

スカート

脚は隠したいけど、マキシ丈のふんわりシルエットだとかなり重いので、軽やかに見える丈を模索しました。タイトスカートは1着も持っておらず、ギャザーかボックスプリーツのどちらか。春夏は靴下と、秋冬はタイツとの組み合わせを考えるのも楽しいです。

スカート、ソックス、靴／すべて楽天
ブラウス／ bonpon × Clothing
ISETAN MITSUKOSHI

skirt

ボトムで
一番はくのが
ギャザースカート

たっぷりと布を使った、女性らしいギャザースカートが大好き。ハリのあるコットンやリネン素材だと、きれいなふわっと感が堪能できます！

スカート　上／ユニクロ
中央、下／すべて楽天

少しきれいめな
ボックスプリーツ
も好き

ギャザースカートよりきれいめに見えるボックスプリーツもよくはきます。ユニクロで見つけたものは、気に入ったので色違いで買いました。

スカート　右／ユニクロ
左／楽天

bon

カットソー × シャツ

小ぎれいな着こなしの流儀

流儀1 トラッドを意識したベーシックな重ね着

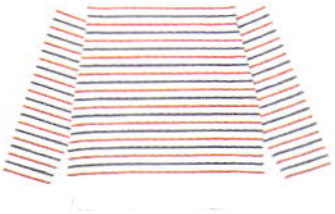

×

カットソー、シャツ、パンツ／すべてユニクロ

年を重ねて気になりだしたのが、首まわりのシワ。カバーしたほうがきれいに見えると思い、ネックの開きが広いカットソーにはシャツをインするようになりました。トリコロールとブルーの組み合わせは、春先にぴったりです。

カットソー／ユニクロ
シャツ／ユニクロ×ルメール

／モノトーンだと大人シック／

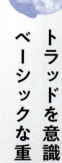

カーディガン × シャツ

×

カーディガン／
bonpon × Clothing
ISETAN MITSUKOSHI
シャツ、パンツ／すべてユニクロ

カーディガンとボタンダウンシャツという王道トラッドな重ね着は、昔から好き。おじさんっぽく見えないように、カーディガンはハイゲージのシンプルなものに。シャツのボタンも上まで留めて、きちんと感が出せるようにしています。

秋冬は タータンチェックに

カーディガン／ bonpon ×
Clothing ISETAN MITSUKOSHI
シャツ／ユニクロ

きれいめ

ジャケット／ビューティ&ユース
ユナイテッドアローズ（セールで購入）
シャツ／楽天
パンツ、ベルト／すべてユニクロ
靴／ZARA

流儀
2

ジャケットは きれいめ、ラフで使い分け

いつもよりちょっとだけきちんとしたスタイルが求められるとき、たとえばクラシックコンサートに行ったりするときは、かっちりめのテーラードジャケットをはおります。色みも、その場で浮かないよう、黒やグレーといった落ち着いたものに。

ジャケット／すべてユニクロ

きちんとした場で安心感があるのは、二つボタンのジャケット。ジャストサイズを選べば、プチプラブランドでもキチッと見せることができます。

ラフ

カジュアルに過ごすときは、三つボタンやシャツ風ジャケットなどをラフにはおっています。ベージュやカーキなどのアースカラーでゆるさを出すことも。ボンディングやナイロンといった変わり種素材で、マンネリ化を防いでいます。

ジャケット
上／ユニクロ
下／ノーブランド

スポーティな素材でも、テーラードだとそれなりにきれいに見えるのが魅力。ラフといっても、流行りのオーバーサイズには手を出しません！

ジャケット／ GU
シャツ、パンツ、ベルト／
すべてユニクロ
靴／ノーブランド

流儀 3

ソックス

ソックスのちら見せで洒落感を上げる

ponが赤い服を着たときは赤ソックスに

赤でリンクするときに出番が多いのがこのソックス。白いパンツと靴ではさむとメリハリがつき、コーディネート全体が明るい印象になります。

ソックス／楽天
パンツ／ユニクロ
靴／ノーブランド

一見難しそうなグリーンはグレーと合わせて

鮮やかな緑は、個性的な色のひとつかもしれません。でも、グレーなどベーシックな色とは好相性。人とは違う足元を演出してくれます。

ソックス／楽天
パンツ／GU
靴／ノーブランド

パンツと同色の
ボーダーソックスで
さりげない遊び心を

ボーダーソックスも、ネイビー×グレーのようなスタンダードな配色だと挑戦しやすいです。パンツの色をネイビーにすると、まとまりもよし！

ソックス／ユニクロ×JW アンダーソン
パンツ／ユニクロ
靴／ノーブランド

ぱっと目を引く
トリコロールカラーと
デニムのいい関係

フレンチマリンの鉄板コーデといえば、トリコロールカラーとデニムの組み合わせ。白のニットや靴とも相まって、軽やかな秋冬スタイルが完成します。

ソックス／ bonpon × アンティパスト
ニット／ユニクロ× JW アンダーソン
シャツ、デニムパンツ／すべてユニクロ
靴／ノーブランド

仕事をしていた頃は、靴下なんてただはいているだけで、色も黒やネイビーばかりでした。カラーソックスに目覚めたのは、夫婦リンクを楽しむようになってから。ponとの統一感を出す以外に、ファッション的にもアクセントとして活躍してくれています。

すっきり見せるための流儀

流儀 1

トップスとボトムのメリハリですっきり

ボトムと同じ色の襟を出して上半身をコンパクトに見せる

中に着たブラウスの襟とボトムで白ニットをはさむと、上半身がコンパクトに。もこもこしすぎないニットを選ぶと、より効果的です。

ニット、スカート、タイツ／
すべてユニクロ
ブラウス／
bonpon × Clothing
ISETAN MITSUKOSHI
靴／楽天

メリハリ

自分ではあまり考えていなかったのですが、やせていないのに「やせた？」と聞かれることがあり……。最近、少し意識し始めたのが、どうしたらすっきり見えるか、ということ。きれいに服が着られれば、おしゃれに見えることへもつながるのかな、と思っています。

モノトーンコーデの日は
柄ものを取り入れて

全身を黒にすると、それだけでもすっきり！
さらに、ボトムに柄ものをもってきてメリハリをつくると、脚長にも見えて好バランスに。

シャツジャケット／Y's（ユーズド）
スカート、ソックス、靴／すべて楽天

ウエストマークがわりに
ブラウスの裾をちら見せ

トップスをインしない、ベルトを使わない私がウエストマークがわりにしているのが、ブラウスの裾のちら見せです。

カーディガン／ユニクロ×JW アンダーソン
ブラウス、ソックス、靴／すべて楽天
スカート／ユニクロ

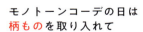

ワンピースの登場率が高い私が、無意識に選んでいたのが襟付きやハイウエスト切り替えのもの。そのちょっとしたディテールが、すっきり見せにつながっていたようです。のっぺりしがちなアイテムでも、スタイルアップできるという発見がありました！

小顔に見える
深いV開きネック

首まわりを露出しなくても小顔に見える方法。それは、ジャンパースカートで深いVネックのものをセレクトすることでした。

ジャンパースカート、ソックス、靴／すべて楽天
ブラウス／ bonpon × Clothing
ISETAN MITSUKOSHI

目線が上がる
襟付きワンピース

ロング丈ワンピースを好む私は、どうしても重心が下がりがち。でも、襟付きを選ぶことで目線が上がり、バランスアップが可能に！

ワンピース／ bonpon × Clothing
ISETAN MITSUKOSHI
ソックス、靴／すべて楽天

ワンピース

流儀 2

ワンピースは襟付きやハイウエスト切り替えのものを

ハイウエスト切り替えなら脚長効果もかなう

全身同じ柄のワンピースでも、ウエストより少し上に切り替えがあるだけで脚長に！目線が上がるブローチ使いも効果を発揮してくれます。

ワンピース／サニークラウズ
ブローチ／娘からのプレゼント
ソックス、靴／すべて楽天

抜け感

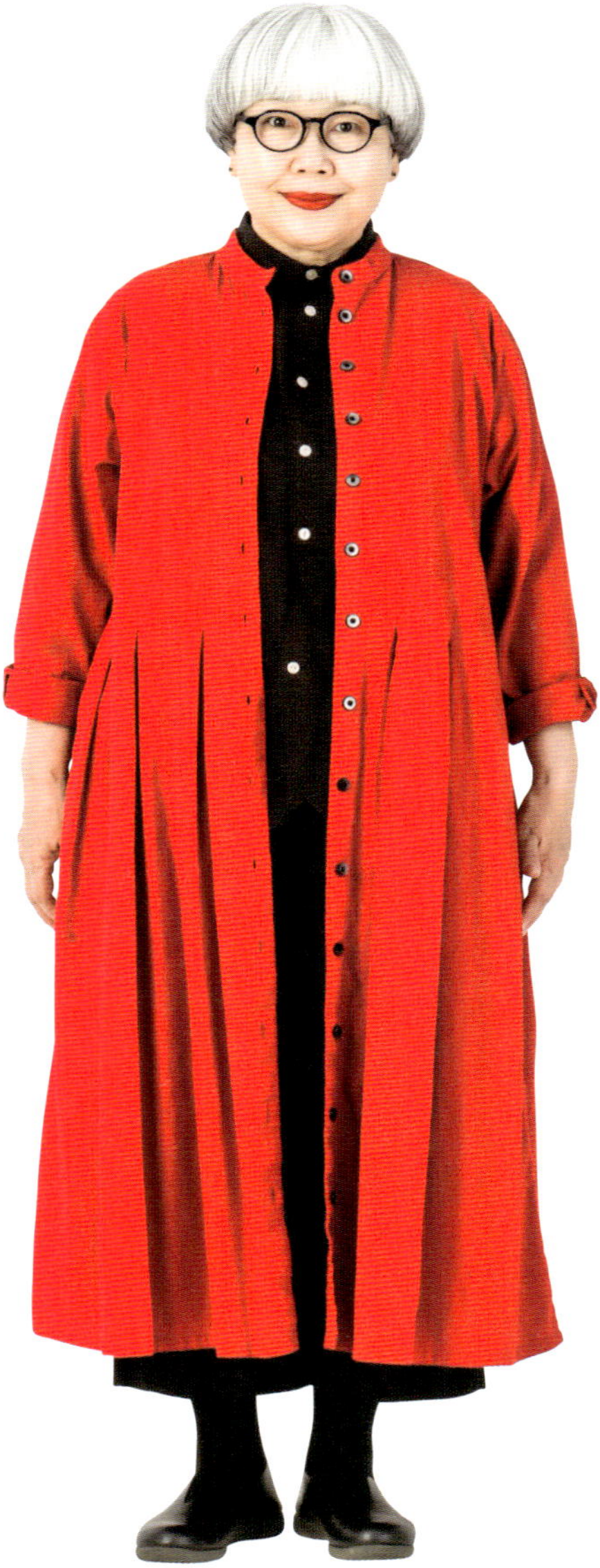

流儀 3

首を見せたり I《アイ》ラインを意識して抜け感をつくる

前ボタンを開けて Iラインづくりを

シャツとパンツを着た上に前開きワンピースをはおって縦長のすき間づくり！ 中を黒で統一すると、より引き締め効果が高まります。

ワンピース／サニークラウズ
シャツ、パンツ、靴／すべて楽天
タイツ／ユニクロ

体の中で細い部分を見せるとほっそり見えるという話を耳にして以来、首、手首、足首を程よく出すようにしています。また、体の縦長ラインを強調するのも効果的なようなので、前開きワンピースやカーディガンの前ボタンを外して、抜け感をつくる方法も実践中です！

首、手首、足首を出すことで
軽やかさに拍車がかかる

袖をロールアップしなくても手首が出る七分袖ブラウスが重宝。靴下の色を濃いめにすると、足首がキュッと細く見えますよ。

ブラウス／ bonpon × Clothing ISETAN MITSUKOSHI　スカート／ユニクロ　ソックス、靴／すべて楽天

前を開けた
抜け感ですっきりと

インナーとメリハリがつくカーディガンをはおり、前を開けることで抜け感が生まれ、すっきりとした印象に仕上がります。

カーディガン／ bonpon × Clothing ISETAN MITSUKOSHI　T シャツ／ユニクロ×マリメッコ　スカート／ GU　ソックス、靴／すべて楽天

Column

ネコが好き

IKEAで買ったクッションもネコ柄。

私たちは昔からネコが大好き。二人とも実家でもネコを飼っていたこともあって、結婚してからもずっとネコと一緒に暮らしています。一番多かったときは5匹。みんな里親募集でもらってきたんだよね。

一緒にいると癒されるよね。

うん。それに、多ければ多いほど楽しい。1匹1匹性格が違うから、「このコはこういうところがあるのね」なんて発見があって見ていて飽きることがなくて。でもみんな年を取って亡くなって、今一緒に暮らしているのは1匹だけ。もう12歳になります。マイペースですごくネコらしい性格のコ。

ponになついてるけど、ponが忙しそうにしてると僕の膝に乗ってくるよね。それに泊まりがけで出かけて

こちらが愛しの風（ふう）ちゃん。

玄関やリビングなど
いたるところに招き猫がいます。

帰ってきたらすごく甘えてくる。

そういう風に自由に動いてる姿を見ているだけでも楽しいし、ネコがその場にいるだけで幸せな気持ちになるよね。それに、ネコって大きさがすっごくちょうどいい！　重さも手触りも耳のペラペラ感も、頭がすっぽり手のひらにおさまるところも、全部好き。

招き猫の置物を集めるのも楽しいね。旅先で気に入ったものを見つけたら連れて帰ってきてる。全部で8体くらいあるかな。

この間も金沢で九谷焼の招き猫を買ったばかり。基本的には民芸品のような素朴なものが好きだけど、九谷焼なら絶対派手なほうがいいから、思い切り派手なのを選びました。

瀬戸の招き猫祭り（愛知県瀬戸市の「来る福招き猫まつり」）にも行ったよね。

ネコのメイクしてる人もいて楽しかった。東京都世田谷区にある豪徳寺もよかったし、これからもかわいい招き猫に出会えたらいいな。

Chapter 3

春夏・秋冬
着まわし
30Days

着まわしやすいのは
ベーシックな色や定番の柄。
でも、私たちのキーアイテムは
ビビッドな赤や青、
ギンガムチェック。
一見、着まわしには
向かなそうですが
形やデザインは
シンプルなものが多いので、
意外と合わせやすいのです！
この章では、
春夏、秋冬に分けて
それぞれ12着で
着まわしてみました。

bon

春夏の着まわしアイテム

さわやかに見える服をピックアップ。挿し色は、bonpon定番の赤と青に。

Ⓓ ボーダーカットソー
ユニクロ

pon とのリンクコーデで活躍するのが、フレンチマリンなボーダー。少し首の開きが広いので、中にシャツを合わせて着ています。

Ⓔ ギンガムチェック柄シャツ
ユニクロ

コーディネートのアクセントになってくれるギンガムチェックのシャツ。明るいブルーなので、1枚でサマになるのもうれしいところ。

Ⓕ ドット柄シャツ
ZARA

pon が好きなドット柄に初チャレンジ！ まずは、取り入れやすそうなモノトーンに。ドットリンクもやったことがないので楽しみ。

Ⓐ 薄手ジャケット
楽天

見た目も着心地も軽やかなジャケットは、王道のテーラードをチョイス。ライトグレーなので、どんなアイテムとも合わせやすい！

Ⓑ ツイルカーディガン
メラン クルージュ

アウターっぽくも使えるカーディガンを投入。ツイル素材でシワになりにくく、白ボタンが効いているのがかわいいですね。

Ⓒ カーディガン
bonpon × Clothing ISETAN MITSUKOSHI

にごりのない鮮やかな赤のカーディガンは、なかなか見つからなかったので貴重なアイテム。Vネックなので、キリッとはおれます。

Spring Summer

J チノパンツ

ユニクロ

チノパンなのにカジュアルすぎないのは、テーパードがかった細身のストレートだから。ジャケットなどで、きれいめな着こなしに。

G カーキのリネンシャツ

ユニクロ

夏でも半袖は着ないので、風通しがいいリネンシャツが重宝。ネイビーや赤のカーディガンと合わせるとおしゃれに見えるカーキを選択。

K デニムパンツ

ユニクロ

普段はもちろん、旅行でも出番が多いのがストレッチ入りのデニムパンツ。ラフすぎず、色落ちしていないインディゴをセレクト。

H ダンガリーシャツ

ユニクロ

ダンガリーシャツは、春夏らしいさわやかさが漂うアイテム。ボトムも白、ベージュ、グレー、デニム、なんでも合います！

L ホワイトパンツ

ユニクロ

清潔感あふれる白パンツは、涼しげな雰囲気。白ベースのトップスを合わせると、よりクリーンな着こなしが楽しめます！

I アンクルパンツ

GU

きれいめカジュアルがかなう、スラックスのような生地感。ソックスがちらっと見えるアンクル丈は、軽快な足元にしてくれます。

pon

春夏の着まわしアイテム

涼しく過ごせるスカートがメイン。原色や存在感のある柄で個性的に！

Ⓓ 花柄前開きワンピース

サニークラウズ

あまり着たことがなかった小花柄ワンピースに初挑戦！ 甘すぎないモノトーン、前開きタイプなので着まわしやすそうです。

Ⓐ Gジャン

ユニクロ

カジュアルすぎる？と避けていたＧジャンにトライしてみることに。ベーシックな形で濃いデニムというのが気に入った理由です。

Ⓔ ボーダー柄ワンピース

スタディオクリップ

bon と柄リンクができるボーダーワンピースを投入。色は、さわやかなブルー×白に。赤カーディガンやＧジャンとも相性よし！

Ⓑ カーディガン

bonpon × Clothing ISETAN MITSUKOSHI

スカートにもワンピースにもバランスよくはおれるカーディガンは必須！ 丸襟ブラウスと合わせるのが pon の鉄板スタイル。

Ⓕ ジャンパースカート

楽天

前はＶ開き、後ろはクルーネックという、着まわしに便利な 2way。中に着るブラウスによって、雰囲気がガラッと変えられます。

Ⓒ 前開きワンピース

ユニクロユー

春夏にフレッシュな印象を与えてくれるグリーン。１枚ではもちろん、前を開けてアウターっぽくはおってもいい感じになります。

Spring Summer

Ⓙ ギャザースカート
ユニクロ

存在感のある鮮やかな色柄アイテムを難なく受け止めてくれるのがベージュスカート。シックな大人っぽさが魅力です。

Ⓚ ランダムドット柄スカート
ノーブランド（ユーズド）

ぱっと目を引く、デザイン性が高いドット柄スカート。モノトーンだから、意外と合わせやすいというのがうれしいポイント。

Ⓛ ボックスプリーツスカート
ユニクロ

生地にハリがあり、ネイビーというのも相まってノーブルにはけるプリーツスカート。きれいめカジュアルに欠かせません！

Ⓖ 丸襟ブラウス
bonpon × Clothing ISETAN MITSUKOSHI

暑い夏でも涼しく過ごせるリネンブラウス。1枚で着る以外に、Gジャンのインナーやジャンパースカートの上にも着られます！

Ⓗ ストライプ柄シャツ
サニークラウズ

ストライプといえば、春夏らしい爽快な柄のひとつ。インパクトのある幅広タイプは、着やせ効果も発揮してくれます♪

Ⓘ レースブラウス
ユニクロ×イネス・ド・ラ・フレサンジュ

ボタンホールの赤がワンポイント。フェミニンな装いにしたい日は、このさりげないレースブラウスを1枚着るだけで決まります。

春夏の着まわしコーディネート

1Day

さりげなく赤を リンクさせて 評判の和菓子屋さんへ

赤リンクで多いのは、ponの服とbonのソックスという組み合わせ。ブラウスとパンツの白でもつなげて、和菓子屋さんへ行ってきます！

Ⓑ + Ⓗ + Ⓛ ソックス／楽天 靴／ノーブランド

Ⓑ + Ⓘ + Ⓚ バッグ／ローラアシュレイ ソックス、靴／すべて楽天

pon's style

Ⓔ

天気がよくて気温の高い日は、ボーダーのカットソーワンピースでさわやかに。ブルー、白、赤のトリコロールカラーでフレンチマリンテイストに。

ソックス、靴／すべて楽天

Ⓘ＋Ⓛ

ホワイト×ネイビーの組み合わせは、清潔感ときちんと感が演出できる配色。これだけだと少しさみしいので、ソックスの赤でポイントづくりを。

ソックス、靴／すべて楽天

Ⓒ

明るいグリーンのワンピースだけでも存在感がありますが、ドット柄のブローチやイニシャルバッグで遊び心を加えるのが楽しい！

ブローチ／ハンドメイド作家さんのもの
バッグ／ bonpon × ファブリコ
ソックス、靴／すべて楽天

4 Day

3 Day

2 Day

郊外の公園へ行く日は
二人でグリーンを
取り入れて

5 Day

公園でイメージしたグリーンを取り入れたお出かけスタイル。ボーダーもリンクさせると、つながり感がより強まっていい感じです♪

pon
ソックス、靴／すべて楽天
bon
ソックス／楽天
靴／ノーブランド

D + H + K

C + E

Spring Summer

C + F + L

G + K

6 Day

初めてのドットつながりは、ponのスカートとbonのシャツで！ 印象が違うドットでも、二人ともモノトーンなので統一感が出せました。

pon
ソックス、靴／すべて楽天
bon
ソックス／楽天
靴／ノーブランド

7 Day

Ⓔ + Ⓚ

ミディアムサイズのギンガムチェックは、ブルーも相まって清々しい雰囲気。デニムを合わせたシンプルな着こなしでもおしゃれに決まります。

バッグ／ bonpon×ファブリコ
ソックス／楽天
靴／ノーブランド

8 Day

Ⓕ + Ⓘ

グレーのきれいめパンツとなら、ドット柄シャツも男性ならではの着こなしに。足元で赤を効かせて、彩りをプラスしてみました。

バックパック／ GU
ソックス／楽天
靴／ ikka

pon's style

Spring Summer

9 Day

10 Day

11 Day

Ⓕ + Ⓗ

ジャンパースカートのクルーネック側を前にするとソフトな印象。太めのストライプや赤ソックスでナチュラルすぎないスタイルに仕上げました。

ソックス、靴／すべて楽天

Ⓑ + Ⓘ + Ⓛ

丸襟ブラウスとカーディガン、ネイビースカートでプレッピーな雰囲気に。無地の服に映えるブルードットのバッグがアクセント役です。

バッグ／ノーブランド
ソックス、靴／すべて楽天

Ⓓ

ハイウエストのギャザー切り替えとモノトーンの小花柄で、脚が長く、ほっそりと見えますね。小物も黒にしてシックにまとめてみました。

ソックス、靴／すべて楽天

A
+
D
+
I

A
+
E

12 Day

少し肌寒い日のお出かけは、Gジャンとジャケットをはおって。服はボーダーで、足元は赤ソックスと黒い靴でリンクさせてみました。

pon
ソックス、靴／すべて楽天
bon
ソックス／楽天
靴／ZARA

青をリンクさせつつ
ラクな装いで
ドライブへ

13 Day

bonはストレッチ入りのデニム、ponは締めつけ感のないジャンパースカートを中に着てドライブへ。青空のようなブルーでつなぎました。

pon
ソックス、靴／すべて楽天
bon
バッグ／サマンサ モスモス ブルー
ソックス／楽天
靴／ノーブランド

B
+
G
+
K

F
+
G

14 Day

鮮やかな赤と
花柄をまとい、
花の名所へ

季節の花を見に行くのが好きな私たち。この日は赤をリンクさせつつ、ponのワンピースを花柄にして、シーンを表現してみました。

Spring Summer

Ⓐ + Ⓒ + Ⓗ + Ⓘ ソックス／楽天
靴／ノーブランド

Ⓐ + Ⓓ かごバッグ／サマンサ モスモス
ソックス、靴／すべて楽天

bon's style

17 Day

D + H + K

カットソーのトリコロールカラーを、シャツやデニム、ソックスにスライドしてまとまり感を。靴を白にすると、全体が軽やかな印象になりますね。

ソックス／楽天
靴／ノーブランド

16 Day

E + L

ブルーのギンガムチェックシャツを、よりさわやかに見せてくれるのが白パンツ。ベルトでウエストマークすると、きれいめ度もアップします。

ベルト／ユニクロ
ソックス／楽天　靴／ZARA

15 Day

B + F + J

ネイビー×ベージュというベーシックカラーに、ドット柄のシャツで遊び心をプラス。靴下はカーディガンと同系色にして統一感を。

ソックス／楽天
靴／ノーブランド

pon's style

I + K

清楚なレースブラウスを個性的なドット柄スカートでモードに仕上げたスタイルです。ネコのブローチを、チャームポイントとして添えました。

ブローチ／ bonpon ×
フィル ダレニエ
バッグ／サマンサ モスモス
ソックス、靴／すべて楽天

G + L

ブルーのワントーンコーデも、リネンブラウスとコットンスカートという異素材ミックスでメリハリを。挿し色はトリコロールカラーの靴下で。

バッグ／ bonpon ×ファブリコ
ソックス／ bonpon ×アンティパスト
靴／楽天

B + E

ビビッドなブルーのボーダーと赤カーディガンは文句なしの相性！ 黒のソックスで引き締めつつ、白い靴で軽やかさも加えて。

ソックス、靴／すべて楽天

18 Day

19 Day

20 Day

21 Day

二人とも白、黒、グレーの3色コーデでまとめてみました。bonはドット、ponは花柄でも、色がそろっているとごちゃごちゃしない気がします。

pon
バッグ／ローラアシュレイ
ソックス、靴／すべて楽天
bon
ベルト／ユニクロ
ソックス／楽天
靴／ikka

A + F + L

D + F + I

おそろいの
赤ソックスをはいて
クラフト市へ

B + E + K

H + L

22 Day

ネイビーベースの服のとき、アクセント役として頼りになるのが赤ソックス。靴も黒でそろえると、リンク感が高まりますね。

pon
ソックス、靴／すべて楽天
bon
ベルト／ノーブランド
ソックス／楽天
靴／ikka

C
+
E
+
K

A
+
G
+
J

23 Day

pon がGジャンを取り入れたので、初めてのデニムつながり！ 定番だから持っている方も多いし、照れずにできるリンクコーデだと思います。

pon
ソックス、靴／すべて楽天
bon
ソックス／楽天
靴／ノーブランド

Spring Summer

24 Day

グリーンとブルーでコーディネートして、ショッピングへ。主張の強い2色を受け止めてくれるのが、ベーシックなライトグレーです。

pon
バッグ／ノーブランド
ソックス、靴／すべて楽天
bon
ベルト／ユニクロ
ソックス／楽天
靴／ノーブランド

A
+
H
+
J

C
+
F
+
G

お買い物へ行くときは
ブルーとグリーンを
リンクして

bon's style

27 Day

Ⓗ + Ⓙ

ボタンダウンシャツにチノパンを合わせた大人のこなれスタイル。スポーティすぎないバックパックでとことんカジュアルに仕上げました。

バックパック／GU
ソックス／楽天
靴／ノーブランド

26 Day

Ⓒ + Ⓖ + Ⓛ

赤カーディガンにカーキのシャツを合わせると男性らしさが。ponが赤のスカートや靴下をはいているときにバランスがとれるスタイルですね。

ベルト／ユニクロ
ソックス／bonpon×アンティパスト
靴／ノーブランド

25 Day

Ⓐ + Ⓔ + Ⓙ

テーラードジャケットとチノパンのオーソドックスなコーデにギンガムチェックを加えるだけで、大人カジュアル感がぐっと上がります！

ベルト／ユニクロ
ソックス／楽天
靴／ノーブランド

マリンカラーで
松島観光！

D
+
G
+
L

H
+
J

28 Day

松島観光を楽しむ日は、二人で赤、青、白を取り入れたマリンミックスリンクで。アースカラーを合わせて、少しシックに落ち着かせました。

pon
バッグ／ディーン&デルーカ
ソックス、靴／すべて楽天
bon
ソックス／楽天
靴／ノーブランド

Spring Summer

B
+
I
+
K

29 Day

6Day のドットリンクより柄の存在感を強めてみました。pon のカーディガンと bon の靴下で赤を取り入れたのが、私たちらしいところです。

pon
ブローチ／娘からのプレゼント
バッグ／ローラアシュレイ
ソックス、靴／すべて楽天
bon
ソックス／楽天
靴／ ikka

F
+
K

クリーンな
白でつなげて
映画館へ

30 Day

陽射しがまぶしい夏は、涼しげな白でリンク。二人ともアースカラーでまとめたシックなスタイルで、気になっていた映画を観てきました！

Ⓖ ＋ Ⓛ ソックス／楽天
靴／Lee

Ⓘ ＋ Ⓙ ブローチ／娘からのプレゼント　バッグ／ディーン&デルーカ
ソックス、靴／すべて楽天

着たことがない色柄にチャレンジ!

イエロー リンク

リンクコーデ

フレッシュな黄色の力を借りて 瑞々しいリンクコーデに

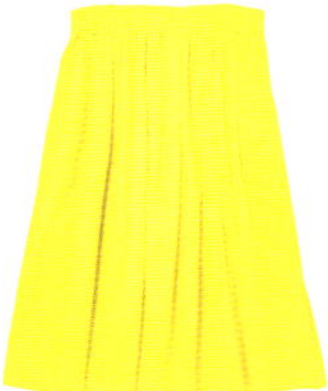

今までは似合わないと避けていた色にトライしてみました。挑戦した色は黄色。ビタミンカラーは、身も心もシャキッと元気にしてくれますね。

pon
スカート／サニークラウズ
アウター／ユニクロユー
ブラウス／ユニクロ×
イネス・ド・ラ・フラサンジュ
ソックス、靴／すべて楽天
bon
ソックス／アマゾン
ジャケット、パンツ／すべてユニクロ
シャツ／ユニクロ×ルメール
靴／ノーブランド

「花柄は自信ないなぁ」とbon。でも、ブルーベースの小花柄なら似合っていると思いませんか？ 甘すぎない柄リンクになったと思います！

二人で花柄をまとって 甘すぎない上品さを漂わせて

花柄 リンク

pon
ブラウス／ユニクロ
スカート／楽天
ソックス、靴／すべて楽天
bon
シャツ／ ZARA
ジャケット、パンツ／すべてユニクロ
ソックス／楽天
靴／ Lee

bon

秋冬の着まわしアイテム

寒い季節にぴったりな素材と柄で
少し英国調なムードに。

Ⓓ カーディガン
bonpon × Clothing ISETAN MITSUKOSHI

赤い服をあまり持っていないので、春夏に続き、このカーディガンを。モノトーンやチェックのコートにもマッチしてくれます。

Ⓐ ダッフルコート
Jプレス（ユーズド）

ヤフオクで手頃な値段で購入した、アメリカの老舗ブランドのコート。高品質な素材のタータンチェックで冬のお出かけの主役に。

Ⓔ フィッシャーマンズセーター
サニークラウズ

持っていなかったブルーのプルオーバーニットを投入。ベーシックカラーのシャツを中に着て、大人カジュアルに着こなしたいです。

Ⓑ ステンカラーコート
ユニクロ

新入りのコートは、パリッとハリがある素材で防水防風機能が。シンプルなベージュだから、どんな色柄のアイテムとも好相性です。

Ⓕ フェアアイル柄ニット
ユニクロ× JW アンダーソン

昔ながらのフェアアイル柄を今っぽくアレンジ。気になる首まわりをカバーしてくれるモックネックなので、１枚でも着られます！

Ⓒ ヘリンボーンジャケット
AZUL

テーラードにもスタンドカラーにもなる2wayジャケット。やわらかくて着心地がいいヘリンボーン生地が、秋冬ならではの雰囲気に。

Ⓖ ストライプシャツ
楽天

グレーのストライプシャツは、pon との柄リンクコーデで活躍。淡い色合いなので、濃いめの服を軽めに見せてくれます。

Ⓗ オックスフォードシャツ
ユニクロ×ルメール

洗練された印象になる小さめの襟がお気に入り。にごりのない白だから、どんな色のアイテムと合わせてもパキッと効いてくれます。

Ⓘ ギンガムチェック柄シャツ
ユニクロ

春夏はブルーでしたが、秋冬は落ち着いたモノトーンのギンガムチェックに。ちら見せするだけでも、存在感があります。

Ⓙ チノパンツ
GAP

淡いトーンのチノパンは、カジュアルすぎずにはけるのがうれしい。赤や青といったカラートップスとも、難なく合います。

Ⓚ チェック柄パンツ
GU

シックなチェックは男性らしい柄ですね。裾をロールアップしなくても靴下のちら見せができるアンクル丈というのも高ポイント。

Ⓛ コーデュロイパンツ
ユニクロ

秋冬らしい暖かみのある素材といえばコーデュロイ。スタンダードな黒は、着まわし力と引き締め力という面で重宝しています。

pon

秋冬の着まわしアイテム

フェアアイル柄やタータンチェックなど
寒い季節に似合う柄を選びました。

Ⓓ 襟付きワンピース

bonpon × Clothing ISETAN MITSUKOSHI

保温効果が高いリネン素材は秋冬でも。襟は取り外しができるので、印象を変えたり、ほかのアイテムに付け替えたりもしています。

Ⓐ ダッフルコート

ニューヨーカー（ユーズド）

ダッフルコートは素材がいいものが欲しいなと思い、ヤフオクで購入しました。きれいな赤なので、冬の景色によく映えます。

Ⓔ カーディガン

bonpon × Clothing ISETAN MITSUKOSHI

春夏は赤でしたが、秋冬では黒をセレクト。シンプルなクルーネックカーディガンは、暑い夏以外のヘビロテアイテムです！

Ⓑ ステンカラーコート

バーバリー（ユーズド）

ダッフルコート同様、ヤフオクで買ったオーセンティックなコート。緻密なパターンのおかげで、すっきりはおることができます。

Ⓕ フェアアイル柄カーディガン

ユニクロ× JW アンダーソン

bon と柄リンクができるフェアアイル柄のカーディガン。前ボタンを留めて、プルオーバーニットのように着ることも。

Ⓒ 前開きワンピース

サニークラウズ

リネン混のナチュラルな風合いで心地よい肌触り。ワンピースとしてはもちろん、前ボタンを外してガウンのようにも着られます。

Autumn Winter

(J) タックスカート
楽天

きれいに広がるタックスカートも、コーディネートが華やぐ赤に。はくだけで、女性らしさ満点のスタイルが完成します！

(K) チェック柄スカート
Moffat Weavers（ユーズド）

20年前くらいに古着屋さんで購入したキルトスカートは、スコットランド製のもの。本場ならではの上品なトラッド感が漂います。

(L) 白パンツ
GU

春夏は涼しく過ごせるスカート一辺倒ですが、秋冬はパンツも登場します。メリハリがつくパキッとした白がお気に入りです。

(G) ケーブル編みニット
ユニクロ

ブラウスの襟を出して着ることが多い、ケーブル編みのニット。王道のアイボリーは、真っ白よりマイルドな雰囲気にしてくれます。

(H) リネンブラウス
bonpon × Clothing ISETAN MITSUKOSHI

カーディガンと同様、丸襟ブラウスは季節を問わず欠かせないアイテム。襟だけちら見せして、アクセントがわりにするときもあります。

(I) ギンガムチェック柄シャツ
楽天

私たちのトレードマークのようになっているギンガムチェックは、bon同様、モノトーンのシャツをチョイスしました。

秋冬の着まわしコーディネート

1 Day

二人で
ステンカラーコートを
はおって美術館へ

ニットにチェックのボトムを合わせて美術館へ。ベージュの濃淡でリンクしたステンカラーコートが、きれいめ夫婦を演出してくれました（笑）。

Ⓑ＋Ⓔ＋Ⓗ＋Ⓚ　ソックス／楽天　靴／Lee

Ⓑ＋Ⓖ＋Ⓗ＋Ⓚ　バッグ、靴／すべて楽天　タイツ／ユニクロ

pon's style

4 Day

Ⓒ + Ⓖ

シャツワンピースの上にケーブル編みニットを重ねて、スカートとして活用するのもアリ。フェイクファーのバッグで秋冬らしさを加えました。

バッグ／ GU
タイツ／ユニクロ
靴／楽天

3 Day

Ⓘ + Ⓛ

裾がかわいいシャツとガウチョパンツでシンプルにコーディネートしたら、小物で遊び心を。赤のブローチとブルーの靴下がアクセント役に。

ブローチ／娘からのプレゼント
ソックス、靴／すべて楽天

2 Day

Ⓓ

ワンピースが無地なので、柄のタイツでポイントをつくりました。大人の乙女心は、タイツと同系色のワンストラップシューズで♪

タイツ／ユニクロ
靴／楽天

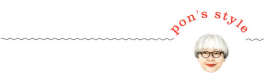

教会へ行くときは
黒をベースに

5 Day

毎週日曜日、クリスチャンの私たちは教会へ。普段着でOKなのですが、派手なアイテムは避け、黒を基調にした服装で出かけるようにしています。

pon
タイツ／ユニクロ
靴／楽天
bon
ベルト／ユニクロ
ソックス／楽天
靴／ ikka

C
＋
H
＋
L

E
＋
K
＋
D
（付け襟のみ）

Autumn Winter

B
＋
G
＋
K

B
＋
C

6 Day

ステンカラーコートに、娘がプレゼントしてくれた色違いのマフラーを巻いてお出かけ。ストライプも合わせると、リンク度が高まります。

pon
マフラー／グローバルワーク
ソックス、靴／すべて楽天
bon
マフラー／グローバルワーク
バッグ／ bonpon×ファブリコ
ベルト／ユニクロ
ソックス／楽天
靴／ノーブランド

bon's style

Ⓔ + Ⓖ + Ⓚ

グレー、ブルー、白でまとめた秋冬スタイル。アーガイルとチェック柄が、大人シックな雰囲気を醸し出してくれます。

ソックス／楽天
靴／ノーブランド

8 Day

Ⓐ + Ⓕ + Ⓙ

bonの冬の定番柄であるフェアアイル柄とタータンチェックをダブルでコーディネート。ボトムはチノパンをはいて、すっきりと。

ソックス／楽天
靴／ ZARA

7 Day

pon's style

Autumn Winter

9 Day

Ⓑ + Ⓓ

カジュアルなリネンのワンピースやギンガムチェックのバッグも、バーバリーのコートをはおるとハイカジュアルなムードになりますね。

バッグ、ソックス、靴／すべて楽天

10 Day

Ⓐ + Ⓒ

赤のダッフルコートは、はおるだけでインパクトがあるアイテム。この日は、ストライプワンピースを着て、軽やかな印象に仕上げました。

タイツ／ユニクロ
靴／楽天

11 Day

Ⓖ + Ⓘ + Ⓙ

ケーブル編みニットとタックスカートでグッドガールなスクールテイストに。ギンガムチェックのシャツが、程よいアクセントになってくれます。

タイツ／ユニクロ
靴／楽天

12 Day

ponが赤いトップスやワンピースを着たときに、bonは靴下で赤を取り入れてリンクさせます。ponは、ブローチでワンポイントつくりました。

pon
ブローチ／
bonpon×フィル ダレニエ
タイツ／ユニクロ
靴／楽天
bon
ソックス／楽天
靴／ ZARA

F + J

H + K

ストライプを
リンクさせて
ショッピング

E + G + L

C + E

13 Day

二人のつなぎ役になったのは、ライトグレーのストライプ柄。黒のカーディガンやパンツで引き締めつつ、ブルーを挿し色にしてみました。

pon
ブローチ／ bonpon×
フィル ダレニエ
バッグ／スタディオクリップ
ソックス、靴／すべて楽天
bon
ブローチ／ bonpon×
フィル ダレニエ
ソックス／楽天
靴／ノーブランド

14 Day

bon はグレーベース、pon はモノトーンに赤を効かせて、行ってみたかったカフェへ。靴も白でそろえると、二人のまとまり感が出せます。

赤を効かせて
老舗の
洋館カフェへ

Ⓒ + Ⓓ + Ⓗ + Ⓚ ソックス／楽天
靴／ノーブランド

Ⓔ + Ⓘ + Ⓙ バッグ／ハンドメイド作家さんのもの
タイツ／ユニクロ　靴／楽天

bon's style

17 Day

16 Day

15 Day

Ⓑ＋Ⓖ＋Ⓙ

淡いトーンのシャツとパンツにベージュのコートをはおれば、さわやかな秋スタイルが完成。黒のバッグと靴でスマートにまとめました。

バッグ／ノーブランド
ソックス／楽天
靴／ ZARA

Ⓗ＋Ⓚ

白シャツをチェックパンツにインしたきれいめカジュアル。キメすぎるのはらしくないので、赤い靴下とスポーティなナイロンバッグでハズします。

バッグ／サマンサ モスモス ブルー
ベルト／ユニクロ
ソックス／楽天
靴／ ZARA

Ⓒ＋Ⓘ＋Ⓛ

モノトーンスタイルにリズムを与えてくれるのが、ギンガムチェックのシャツ。ブルーのソックスをはくと、カジュアル感が増します。

ソックス／楽天
靴／ノーブランド

pon's style

Ⓑ＋Ⓕ＋Ⓘ＋Ⓙ

赤とブルーのお目立ちコーデをベーシックなコートでクールダウン。足元は黒で統一して、カラフルスタイルのまとめ役にしました。

ソックス、靴／すべて楽天

Ⓒ＋Ⓓ

ブルーワンピースの襟を外し、前開きワンピをガウンのようにはおって重ね着を楽しむ日も。ストライプとIライン効果ですっきり見えます♪

バッグ、ソックス、靴／すべて楽天

Ⓕ＋Ⓗ＋Ⓛ

フェアアイル柄の中にある赤をブラウスにも使った、私らしい色合わせ。ボトムは白をセレクトして、トップスを引き立てました。

ソックス、靴／すべて楽天

19 Day

20 Day

18 Day

21 Day

重くなりがちな青と黒の組み合わせですが、ギンガムチェックや襟の白が程よい抜け感に！

pon
リバーシブルバッグ／サマンサ モスモス
ソックス、靴／すべて楽天
bon
ソックス／楽天
靴／ ZARA

E + I + L

D + E

D + G + J

C + J

色柄をそろえて
IKEAの
ソフトクリームを食べに

22 Day

ストライプ柄と赤をリンクして、日用品を買いにIKEAへ。もちろん、50円ソフトも食べます♪

pon
タイツ／ユニクロ
靴／楽天
bon
ソックス／楽天
靴／ノーブランド

23 Day

二人とも大好きなカーディガンつながりに。無地と柄ものという違いはありますが、こんなふうにさりげないリンクを楽しむときも。

pon
ソックス、靴／すべて楽天
bon
靴／ikka

D + I + L

F + I + L

ダッフルコートを
はおって
公園を散歩

A + E + H + K

A + E + H + K

24 Day

天気がいい日は、ダッフルコートをはおって公園へ。bonのコートとponのスカートのタータンチェックでもつなげてみました。

pon
タイツ／ユニクロ
靴／楽天
bon
ソックス／楽天
靴／ノーブランド

bon's style

27 Day

Ⓒ + Ⓓ + Ⓖ + Ⓙ

シャツ、カーディガン、ジャケットは秋の定番スタイル。前ボタンを留めてVネックを強調すると、顔まわりがキリッと見えます。

ソックス／楽天
靴／ノーブランド

26 Day

Ⓕ + Ⓗ + Ⓚ

難しいコーデではないのに、フェアアイル柄のニットとチェックパンツのコンビは着るだけで洒落感が上がるような気がしています。

ソックス／楽天
靴／ ZARA

25 Day

Ⓑ + Ⓘ + Ⓙ

スタンダードなベージュと黒は、安心感のある組み合わせ。ちらっと見えるソックスを鮮やかなブルーにして、アクセント役にしました。

ベルト／ユニクロ
ソックス／楽天
靴／ ZARA

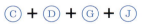

28 Day

顔まわりがぱっと華やぐフェアアイル柄のニットでリンク。柄を際立てるべく、二人ともニットと同じ色のアイテムですっきりコーデに。

pon
タイツ／ユニクロ
靴／楽天
bon
ソックス／楽天
靴／ノーブランド

F + I + L

D + F

E + H + K

G + H + K

29 Day

秋冬の柄リンクで登場回数が多いのはチェック。bon はマフラーとパンツ、pon はスカートで大好きなトラッドテイストにしました。

pon
タイツ／ユニクロ
靴／楽天
bon
マフラー、ソックス／すべて楽天
靴／ ZARA

30 Day

クリスマスは、赤リンクコーデにしてイルミネーションを見に街へ。二人らしいギンガムチェックもおそろにして……メリークリスマス！

クリスマスのお出かけは赤でつなげて

Ⓐ + Ⓓ + Ⓘ + Ⓙ

ソックス／楽天
靴／ノーブランド

Ⓐ + Ⓔ + Ⓘ + Ⓛ

バッグ／ bonpon×ファブリコ
マフラー、靴／すべて楽天　タイツ／ユニクロ

使ったことがない小物にチャレンジ！

リンクコーデ

スニーカー リンク

普段は白か黒の靴しか履かないので、ブルーのハイカットスニーカーにトライ。ふんわりワンピやきれいめパンツのハズシに便利そうです！

カジュアルなハイカットがきれいめコーデのハズし役

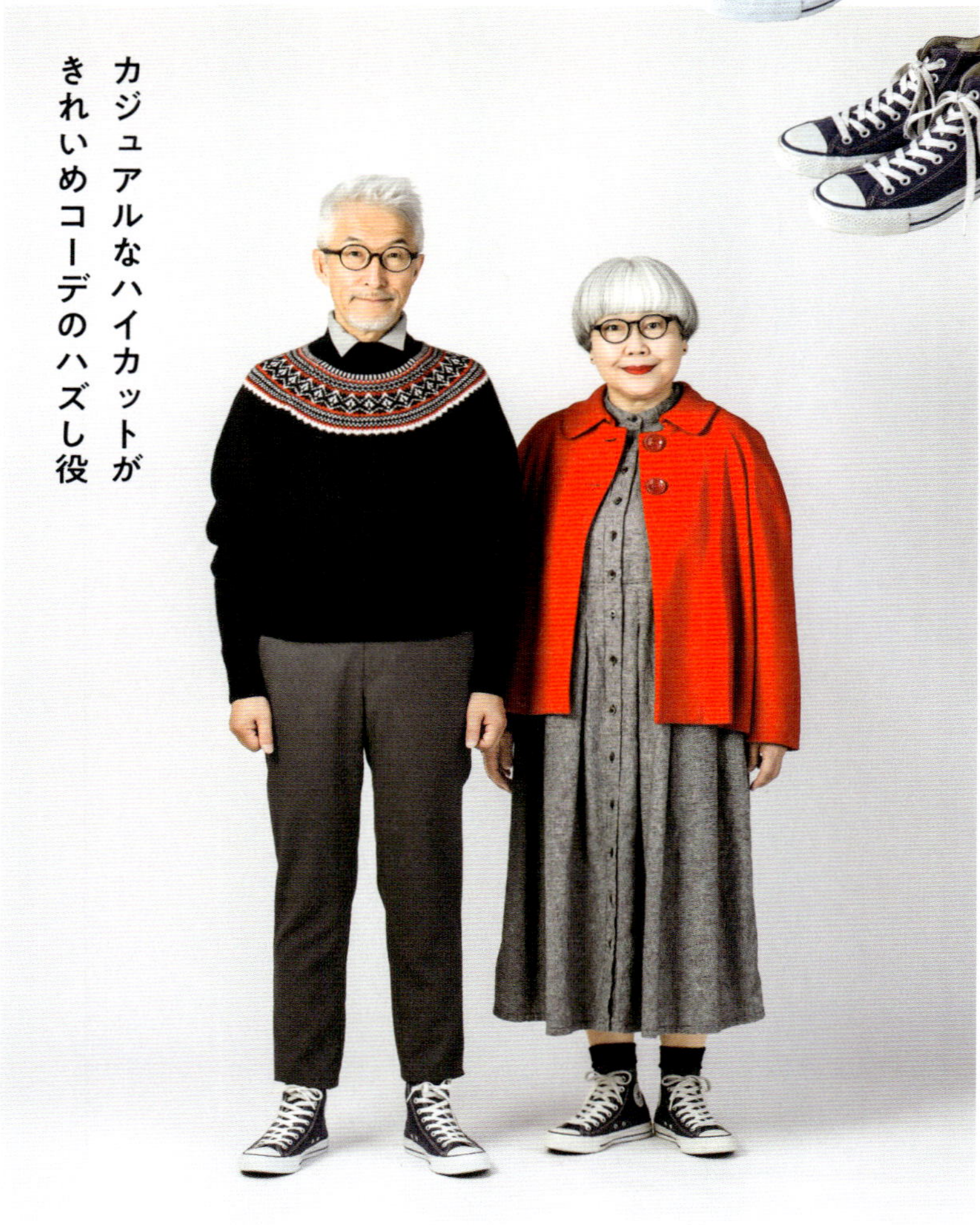

pon
スニーカー／コンバース
アウター／ ZARA
ワンピース／サニークラウズ
ソックス／楽天
bon
スニーカー／コンバース
ニット／ユニクロ × JW アンダーソン
シャツ／ユニクロ
パンツ／ GU

帽子　リンク

pon
ベレー帽／ CA4LA
コート／ PART2 BY JUNKO SHIMADA
ニット、スカート、タイツ／すべてユニクロ
靴／楽天
bon
中折れハット／ CA4LA
コート、ニット、パンツ／すべてユニクロ
靴／ Lee

帽子をプラスするだけで しとやかなムードに

bonは中折れ、ponはベレーで帽子リンクに。かぶり慣れていない私たちなので少し照れますが、新しい自分たちに出会えたような気がしています。

Column

趣味の話

Back style

GLAYのライブへ行くときは、ponがデザインしたTシャツで。

次女が小学校高学年のときにGLAYのファンになって、家でも車の中でも毎日聴いていて。ビデオも「一緒に見よう」と誘ってくれるので見ているうち、私までファンになって一緒にライブに行くようになったんだよね。

その頃、僕は会場まで送っていくアッシー君だったんだけど（笑）、一度ライブについていったら意外に年配のファンも多くて、一緒に手を振って楽しむうち「いい青年たちだな」「曲もいいな」と思うようになって。以来、夫婦そろってGLAYのとりこ。

二人のGLAY好きがご本人たちの耳にも入ったらしく、一度、ライブのMCでTERUさんが「今日はbonさんponさんのために歌います」とおっしゃってくださったことがあったんだよね！ でも、たまたまそのライブに私た

ノルディックウォーキングも再開したい！

ドライブがてら日帰り温泉、
なんていうのも好き。

ちは足を運んでいなくて、その場にいた友だちがすぐにメールで教えてくれて……。あのときは、すごく感激しました。

二人共通の趣味としては、美術館巡りもあるよね。現代作家も好きだし、マリメッコ展もよかったな。

おもしろそうなのはなんでも見てみたい！　彫刻も写真も好きだし、ミッフィー展も楽しかった。一度行ってみたいのは直島。

いろんなとこに行きたいよね。できたらヨーロッパも行きたいし。定年まであまり出かけられなかった分、これからいろいろ旅行したいな。あとは、しばらくやっていないノルディックウォーキングも再開したいね。

ただ歩くより体にもいいしね。でも、体を動かすのもいいけど、やっぱり食べるのも大好き（笑）。旅先でその土地の名物を食べると幸せな気持ちになれるし。ちょっと前に金沢で食べたゴーゴーカレーもおいしかったな。

金沢21世紀美術館も楽しかった～！

Chapter 4

服を引き立てる小物コレクション

お出かけのときに必要な
靴やバッグ以外に
私たちらしさが演出できる
小物といえば
ソックスとブローチ。
どちらもシンプルなもの
ばかりですが
鮮やかな色みなので
絶妙なアクセント役に
なってくれます。
名脇役として
欠かせない存在です。

バッグ

ラフに持てる
カジュアル系がメイン

どんなファッションとも相性のいい黒がもっとも多く、フェイクレザーから布バッグまで使い分けるのがpon流。洋服がモノトーンのときは、赤やブルーのバッグをアクセントとして使うことも。bonのお気に入りは、シンプルで使いやすい黒のバッグです。

服に色があるときは黒ベースのバッグを

A_ 娘からのプレゼント。がま口がアクセントに。B_ ギンガムチェック柄のウールバッグは、冬に活躍。C_ 秋冬らしさ満点のフェイクファーバッグ。なでなでしたくなる手触りで、いつもネコと一緒にいるみたいな感覚に。

A_ ローラ アシュレイ

B_ 楽天

C_GU

程よくポップに仕上がるイニシャルトート

二人のイニシャルであるBとPがあしらわれたトートバッグでリンクすることも多くなりました。ギンガムチェックの服とも文句なしの相性！

pon
バッグ／ bonpon×ファブリコ
カーディガン／ bonpon×Clothing ISETAN MITSUKOSHI
ワンピース／サマンサ モスモス
ソックス、靴／すべて楽天
bon
バッグ／ bonpon×ファブリコ
ニット、シャツ、パンツ／すべてユニクロ
靴／ ZARA

気軽に持てる布バッグが好き

値段が手頃なうえ、軽くてたくさん入る布バッグが大好き。インパクトのある柄が、コーデのアクセント役になってくれます。

グレーバッグ／フランフラン
青ドット柄バッグ／ノーブランド
赤ロゴバッグ／ディーン&デルーカ
赤ドット柄バッグ／マリメッコ
黒ドット柄バッグ／ティオ・グルッペン

バッグ／マリメッコ
ワンピース／ユニクロ
ソックス、靴／すべて楽天

bonはシンプルな黒バッグをヘビロテ

ネットで見つけたフェイクレザーのシンプルなバッグは、どんなファッションとも相性抜群。汚れにくく、ショルダーにもなるのが便利です。

バッグ／楽天
ジャケット、カットソー、パンツ／すべてユニクロ
靴／ZARA

レザー調のリュックサックも愛用中

ランドセルみたいな形にひと目ぼれして購入。出かけるときは両手が自由になるリュックが一番重宝。オールシーズン使っています。

リュックサック、ボレロ／すべて楽天
シャツ／bonpon × Clothing ISETAN MITSUKOSHI
スカート／トリコ・コム デ ギャルソン（ユーズド）

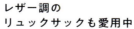

シューズ

モノトーンを選んで
カラーコーデの脇役に

靴は白と黒のみ。理由は、どんな色の洋服にも合わせやすいから。とりわけ、合皮のものはお手入れも楽なのでお気に入り。汚れたら水拭きするか、100均などでも売られている靴磨きクリーナーでさっとケアします。ponは通販も利用するけど、bonは試着してから買うのが鉄則です。

どんな服とでも
マッチしてくれる
クリーンな
ホワイトシューズ

pon はネットで、甲高幅広の bon はシューズショップで購入。白の靴でそろえると、どんな服もクリーンで軽やかな印象になります。

pon
靴、ソックス／すべて楽天
ワンピース／ユニクロユー
カットソー、スカート／すべてユニクロ
bon
靴／ノーブランド
ジャケット／ GU
カットソー、ソックス／すべて楽天
シャツ／ユニクロ×ルメール
パンツ／ユニクロ

レッド系の服
×
ブラックシューズ

マリンテイストのbonと、ドーリーなワンピースのponの装い。赤をキーカラーにした服には、黒の靴でメリハリを加えます。

pon
靴、ソックス／すべて楽天
ワンピース／ bonpon × Clothing ISETAN MITSUKOSHI
bon
靴／ ZARA　カットソー、シャツ、パンツ／すべてユニクロ　ソックス／楽天

ブルー系の服
×
ブラックシューズ

ブルー系の洋服をキリッと引き締めたいときは、黒の靴に。ponの靴は、Vカットデザインなので、より辛口に仕上がります。

pon
靴、スカート、ソックス／すべて楽天
ブラウス／ bonpon × Clothing ISETAN MITSUKOSHI
bon
靴／ ikka
ジャケット、シャツ、パンツ／すべてユニクロ
ソックス／楽天

pon's shoes

靴／すべて楽天

bon's shoes

靴／上からZARA、ノーブランド、ikka

秋冬はタイツにスイッチ

愛用しているのは、透け感がなくポカポカ暖かい110デニール以上の厚手タイプ。柄ものは、服が無地のときにはいています。

タイツ／すべてユニクロ

ソックス	ワンポイントになる 原色 or ボーダーをチョイス

青、赤、緑、黒ソックス／すべて楽天
トリコロールソックス／ bonpon × アンティパスト
ネイビー×カーキソックス／
ユニクロ × JW アンダーソン

靴下の定番カラーは、黒、赤、ブルー。ponが鮮やかな色のワンピースをまとった日に、bonが同じ色の靴下を挿し色として合わせることが多いです。洋服がシンプルなときは、ボーダー柄を選ぶことも。靴がモノトーンだから、どんな色のソックスでも合わせやすいです。

赤リンクコーデの日は bonのソックスが重宝

ponのワンピースとbonのソックスで赤コーデを楽しむというのが、リンクおしゃれのバリエーションのひとつです。

pon
ワンピース／サニークラウズ
ジャンパースカート、
ブラウス、ソックス、靴／すべて楽天
bon
ソックス、シャツ／すべて楽天
カーディガン／bonpon × Clothing ISETAN MITSUKOSHI
パンツ／GU
靴／ikka

レッド×ネイビーは ponの鉄板配色

ネイビーをベースとした服のアクセントになってくれるのが赤ソックス。白や黒を合わせるより、ponらしい！

ソックス、靴／すべて楽天
ブラウス／ユニクロ×イネス・ド・ラ・フレサンジュ
スカート／ユニクロ

カーディガンの色を ソックスにスライド

鮮やかなブルーのカーディガンとソックスの色を合わせることで、コーディネート全体に統一感が生まれます。

ソックス、シャツ／すべて楽天
カーディガン／bonpon × Clothing ISETAN MITSUKOSHI
パンツ／ユニクロ
靴／Lee

ブローチ

おしゃれの遊び心として起用

無地の洋服にブローチで遊び心を加えるのが大好き。存在感のある大きめのものをひとつだけつけることもあれば、小ぶりのものを複数並べてつけることも。重ねづけするときは、同じ素材のものを選ぶのもいいけど、あえて異素材のものをチョイスしてもおもしろいな、と思います。

今だからこそ楽しめる
bonpon ブローチ

pon が描いた二人と愛猫の似顔絵イラストをブローチ化したものを胸元に。還暦を超えた今だからこそくすっと笑って楽しめるおしゃれです。

pon
ブローチ／ bonpon × フィル ダレニエ
カーディガン／ bonpon × Clothing ISETAN MITSUKOSHI
ブラウス／楽天
bon
ブローチ／ bonpon × フィル ダレニエ
カーディガン／ bonpon × Clothing ISETAN MITSUKOSHI
シャツ／ユニクロ

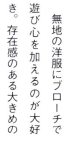

丸みを帯びた
モチーフが好み

ponが好きなのは、丸いモチーフのブローチ。服でも多い赤やドット柄のほか、モードな雰囲気になるシルバーも愛用しています。

ドットブローチ／ハンドメイド作家さんのもの
赤／娘からのプレゼント
シルバー／娘が彫金ワークショップで作ったもの

金属と布の異素材MIXは
ブローチならではの遊び心

シンプルなブラウスには、異素材のブローチを2個づけしてオリジナリティを。襟の少し下につけるとアイキャッチになってくれます。

ブラウス／ bonpon × Clothing
ISETAN MITSUKOSHI

ベーシックカラーの服に
プチッと赤を効かせて

ともするとナチュラルになりすぎてしまうリネンジャケット。でも、赤いブローチをつけるだけで、少しエッジが効いたルックスに。

ジャケット／ユニクロ
ワンピース／サニークラウズ

マフラー

アクセントになる色柄をセレクト

娘からプレゼントしてもらった赤とネイビーの色違いのマフラー。ダークトーンのコートと好相性です。

マフラー／すべてグローバルワーク

タータンチェックでブリティッシュトラッドに

7年くらい前に購入して以来、色違いで巻くことが多いタータンチェックのマフラー。英国の上品なカジュアルが満喫できます。

pon
マフラー、靴／すべて楽天
コート／トリコ・コム デ ギャルソン（ユーズド）
ニット、スカート、タイツ／すべてユニクロ
bon
マフラー／楽天
コート、ニット、パンツ／すべてユニクロ
靴／ZARA

ponの赤、bonのターコイズブルーともに、暗くなりがちな冬のコーディネートの挿し色となり、気分まで明るくしてくれます。

マフラー／
すべてコムサイズム

マフラーは同じデザインのものを色違いで巻くのが楽しい！ 顔まわりを明るく見せてくれる色物や、コーディネートの主役になる柄物をチョイスするのがbonpon流。タータンチェックなどの定番デザインなら、気に入ったものを長く使えるのもうれしいところです。

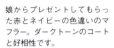

メガネ

顔になじみつつチャーム
ポイントになるものを

bonが今のメガネにしたのは退職後です。メガネをかけている人には共感していただけると思うのですが、度が変わったときにレンズだけ替えるのではなく、フレームごと替えたくなります。職場では、なんとなく丸メガネは避けていたので、この形は初めて。ponも以前はフォックスタイプだったのでイメージが変わりました。

pon
メガネ／ JINS
ワンピース／ bonpon × Clothing ISETAN MITSUKOSHI
bon
メガネ／ JINS
シャツ／楽天

マスナガ

アンヴァレリーアッシュ

今でもたまに使っています

今は、JINSのメガネがメインですが、前に使っていたこれらも気分によって再登場します。bonのマスナガのものは、娘からのプレゼントです。

Chapter 5

おしゃれに必要なメンテナンス

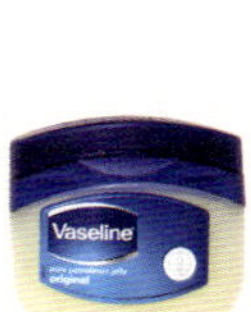

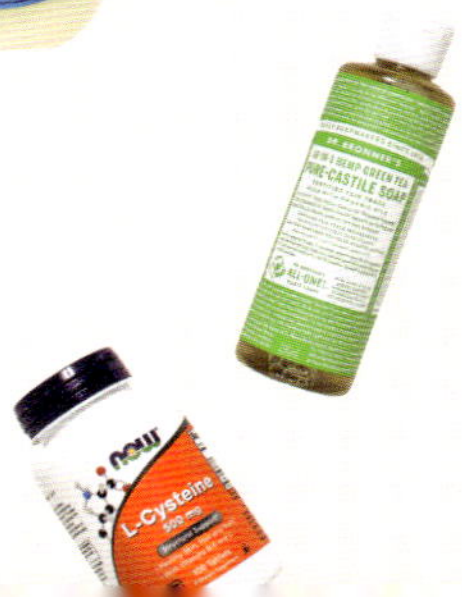

プチプラおしゃれを楽しむうえで
アイテムの選び方や
コーディネートの仕方と
同じくらい大切に
思っているのが身だしなみ。
シワくちゃな服は着たくないし
手入れしていないように
見える肌や髪では、
お会いする相手に失礼ですよね。
最後の章では、
私たちが最低限行っている
ケア方法をお話しさせていただきます。

白髪染めをやめて以来、おしゃれ観も肌質も変化

bonは40代から白髪が増え始めて、ponは52歳で白髪染めをストップ。bonは床屋さんで散髪していて、ponは自分で切っています。白髪染めにかぶれて以来、ponはシャンプーの代わりにマジックソープを使っていましたが、最終的に「湯シャン」にたどりつきました。bonはシャンプーを使っていますが、ponはリンスも使っていません。ドライヤーで乾かしたあと、ゆず油を数滴なじませています。

pon
ワンピース／bonpon×
Clothing ISETAN MITSUKOSHI
bon
シャツ／楽天

side

オーガニック原料使用で
肌にやさしい
マジックソープ

乾燥が
気になるときは
ヴァセリンでケア

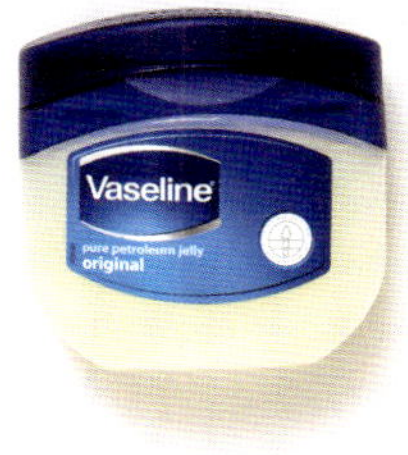

たどりついたのは シンプルな スキンケア

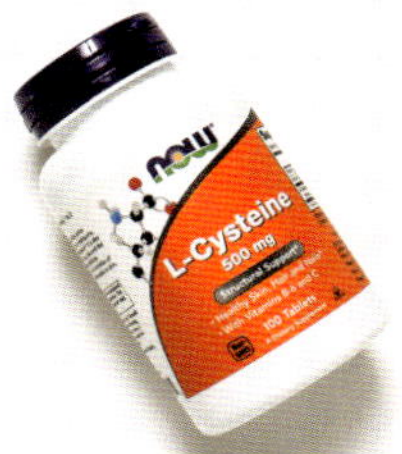

L-システインの
サプリを摂取して
体の内側から
美肌対策を

ponが頭皮環境改善のためにシャンプーをマジックソープに替えたついでに、ハンドソープも食器用洗剤もマジックソープに替えました。すると、肌荒れしなくなったので、スキンケアもシンプルに。化粧水やクリームは一切使わず、冬場に乾燥を感じたときにヴァセリンを塗るくらいになりました。日焼け防止にL-システインを飲んでベビー用日焼け止めを塗っていますが、化粧下地やファンデーションは塗りません。お化粧は口紅だけです。

襟元の汚れは、食器用洗剤と歯ブラシで

汚れが気になれば袖口もケア。白シャツに限らず、チェックのシャツも予洗いします。

bonのシャツはアイロンがけ不要のものばかり選んでいるので、手入れがラクです。唯一手間をかけているのは、洗濯機に入れる前に食器用洗剤で予洗いすること。脂性だから襟元が黄ばみやすいので、汚れが気になる箇所に食器用洗剤をつけて、歯ブラシでこすっています。ひと手間かけるだけで、美しい見た目を長く保つことができるのはうれしいですよね。

きれいな状態で着たいから、ニットの毛玉取りは丁寧に

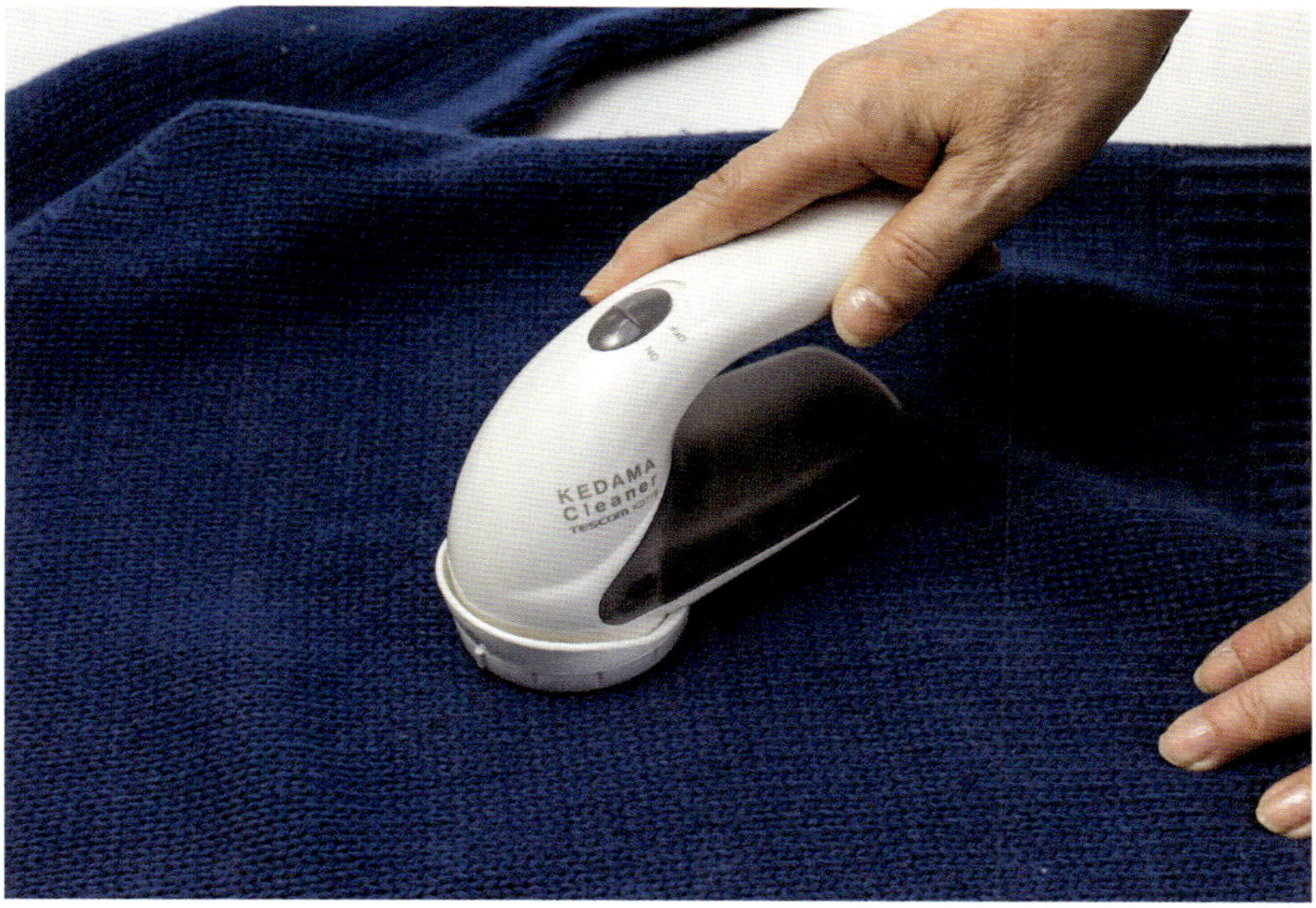

以前使っていた電池式の小型タイプからコード式に。段違いに毛玉が取りやすいですよ。

ニットの風合いを守って長持ちさせるためにも、毛玉ができたら丁寧に取り除くようにしています。商品を買うときに毛玉ができやすい素材かどうかチェックすることはありません。ただ、比較的毛玉ができやすいアクリル素材は避けていますね……。お手入れには、毛玉取り器を使っていて、短時間でお手入れできるよう、大きめのものを使っています。

収納は見やすい、しまいやすい、取り出しやすいがキーワード

たたむのが面倒なので、シャツもセーターも、ニトリのハンガーにかけてそのまましまっています。クローゼット内のハンガーポールを2本に増やした

左のアーチ型にはニット類などを、ベージュのものにはbonのパンツ類をかけています。

Tシャツは柄が一目でわかるようにたたみ収納で、靴下はざっくりと投げ入れ収納です。

向かって左がbon、右がponのエリア。しまうときも選ぶときも時間がかかりません。

ので、手前にオンシーズン、奥にオフシーズンのものを収納。クローゼットの下段には、たまたま横幅がぴったりのサイズだったニトリのクリアボックスを設置して、肌着やパジャマ入れに。バッグ類は、ＩＫＥＡのスクッブというシリーズのボックスにまとめて入れています。

スクッブにはバッグ類を素材と形で分別。bon用、pon用と分けずに共用しています。

epilogue

おわりに

掲載するコーディネートを考える際、インスタグラムに投稿していないスタイルも見ていただきたいと思い、ワードローブを見直し、新しい組み合わせを模索しました。そんな中、よりいろんな着こなしにチャレンジしてみたくなり、今まであまり着なかった色柄やアイテムを買い足してみることに。すると、コーディネートやリンクのバリエーションが増え、おしゃれの楽しみがぐんと広がりました。こういったことも、プチプラだからこそ気軽にトライできたのだと思います。

夫婦リンクコーデをするようになってから、よりお出かけが楽しくなったし、思い出の写真も増えました。おしゃれは、なにげない日常に豊かな彩りを添えてくれるものなのですね。

この本をペラペラとめくる中で、なにかヒントになるようなことがあれば、とてもうれしいです。最後まで読んでいただき、ありがとうございました！

〈 クレジット 〉

P.64
ツイルカーディガン￥4,990 ／メラン クルージュ（キャンカスタマーセンター）

P.66
花柄前開きワンピース￥9,800 ／サニークラウズ（フェリシモ）
ボーダー柄ワンピース￥4,167 ／スタディオクリップ（アダストリア）

P.67
ストライプ柄シャツ￥5,900 ／サニークラウズ（フェリシモ）

P.71（8Day）、P.79（27Day）
バックパック￥2,990 ／ GU（一部店舗のみ販売）

P.74（14Day）、P.76（20Day）
かごバッグ￥5,990 ／サマンサ モスモス（キャンカスタマーセンター）

P.75（16Day）、P.77（21Day）、P.78（24Day）、P.79（25、26Day）
ネイビーベルト￥2,990 ／ユニクロ

P.82
イエロースカート￥4,900 ／サニークラウズ（フェリシモ）

P.84
ステンカラーコート￥9,990 ／ユニクロ
フィッシャーマンズセーター￥7,900 ／サニークラウズ（フェリシモ）

P.85
チェック柄パンツ￥1,990 ／ GU

P.86
前開きワンピース￥8,900 ／サニークラウズ（フェリシモ）

P.90（5、6Day）、P.95（16Day）、P.99（25Day）
ブラウンベルト￥1,990 ／ユニクロ

P.93（13Day）
バッグ￥3,990 ／スタディオクリップ（アダストリア）

P.97（21Day）
リバーシブルバッグ￥4,490 ／サマンサ モスモス（キャンカスタマーセンター）

P.102
ハイカットスニーカー各￥5,800 ／すべてコンバースインフォメーションセンター

P.103
中折れハット￥9,200 ／ CA4LA（CA4LA ショールーム）
ベレー帽￥6,100 ／ CA4LA（CA4LA ショールーム）

〈 ショップリスト 〉
アダストリアカスタマーサービス 0120-601-162
CA4LA ショールーム 03-5775-3433
キャンカスタマーセンター 0120-112-961
コンバースインフォメーションセンター 0120-819-217
GU 0120-856-452
フェリシモ（サニークラウズ） 0570-024-213
ユニクロ 0120-170-296

※商品の価格は、税抜きで表示しております。
※本書に記載されている情報は、2018 年 8 月時点のものです。商品の価格などは変更になっている場合がございます。
※記載商品は、売り切れや販売終了の可能性がございます。
※このリストには、著者の私物の問い合わせ先は表記しておりません。また、著者の私物に関して、現在入手できないものもございます。
あらかじめ、ご了承ください。

bonpon（ボンポン）

1980年5月11日に結婚し、結婚38周年を迎えた老夫婦、bon（夫）とpon（妻）。共に白髪とメガネがトレードマークで、2016年12月からInstagramでリンクコーデをアップし、憧れのオシャレ夫婦として支持を得ている。夫婦の仲むつまじい姿は国内外から反響を集め、2018年8月現在、フォロワー数76万人以上。

著書に『bonとpon ふたりの暮らし』（主婦の友社）、『セカンドライフ、はじめてみました』（大和書房）がある。

Instagram　@bonpon511

Staff

装丁	大久保有彩
本文デザイン	近藤みどり
写真	枦木功［nomadica］（カバー、P.2～7、68、74、81、94、101） 中村圭介、大村聡志、佐藤寿樹（P.10～59、62～67、68～73、75～80、82～93、95～100、102～103、106～125） bonpon（P.60～61、104～105、124～125）
スタイリング協力	石井あすか
編集	株式会社マーベリック
構成	三宅桃子、松本玲子

bonponの
プチプラ着こなし
便利帖

2018年9月28日　第1刷発行

著者　bonpon
発行人　蓮見清一
発行所　株式会社宝島社
〒102-8388
東京都千代田区一番町25番地
電話　編集：03-3239-0926
　　　営業：03-3234-4621
http://tkj.jp

印刷・製本　日経印刷株式会社

Printed in Japan
ISBN 978-4-8002-8477-8